CHANSONS

LE

THÉATRE

PAR LES MEMBRES DU CAVEAU

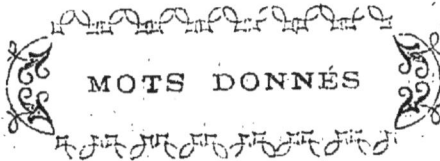

MOTS DONNÉS

PARIS

IMPRIMERIE A. APPERT, PASSAGE DU CAIRE, 56

—

1864

LE THÉATRE

CHANSONS

LE

THÉATRE

PAR LES MEMBRES DU CAVEAU

MOTS DONNÉS

PARIS

IMPRIMERIE A. APPERT, PASSAGE DU CAIRE, 56

1864

AVERTISSEMENT

    Les Chansons que contient ce recueil ont été faites sur des *Mots* tirés au sort, et chantées au banquet annuel (dit *Banquet d'été*) qui a eu lieu le Samedi 18 Juin, chez M. GÉRARD, restaurateur au *Moulin Vert*, à la porte Dauphine.

LE THÉATRE

~~~~~~~~~~~~~~~~~~~~~~~~~~~~~~~~~~~~

LE THÉATRE..... DU CAVEAU,

VU DE L'AVANT-SCÈNE.

—◦◦◦◦◦—

Air : *Merveilleuse dans ses vertus.*

A *l'avant-scène* sans façons,
Jumelles en main, je m'installe,
Et j'examine dans la salle
Le *théâtre...* de nos chansons (1).
   Au *directeur* GIRAUD donne
   Tant de verve et d'agrément,
   Que maint directeur s'étonne
   D'être trouvé si charmant.
Grâce à JUSTIN, le *régisseur*
Conquiert de glorieux trophées,
Et de la baguette des fées
Il est maintenant possesseur.

(1) L'auteur a suivi l'ordre du tirage au sort.
Les Chansons sur *le Directeur le Machiniste, le
Parterre, le Rideau, le Municipal, la Claque* et *le Billet
de faveur,* n'ont pas été produites.

Duval, sans broncher, vient prendre
Place à l'*orchestre,* il a l'art
D'imiter à s'y méprendre
Le genre et le chant d'Allard.
Brot à nos regards étonnés
Produit, avec son *machiniste,*
Des merveilles à l'improviste,
Et des couplets bien machinés.
   De ses *décors* de Blainville
   Sait se servir à propos
   Pour en décorer son style,
   Et faire briller ses mots.
Quand à la *concierge* Vignon
Offre ses vers, remplis de grâce,
Dans son ivresse elle l'embrasse,
Et l'appelle : Mon gros trognon!
   Tout doucement Vasseur chante...
   Jusqu'à Melun on l'entend !
   Mais le *public* qu'il enchante,
   Demande *bis* à l'instant.
Pour nous dépeindre le *censeur,*
Fortin, qui vient d'ouvrir la bouche,
Dit une œuvre de bonne touche !
Et je l'admire en connaisseur !
   A l'ennui pour faire nique
   De Gillet le *médecin*
   Offre un remède topique,
   Et même un remède sain.
Boulmier s'élève à la hauteur

Du plus pindarique poète,
Et sur un piédestal très chouette
Auprès de lui place l'*auteur*.

 Des *figurantes* LAGARDE
 Prend la taille et les mollets,
 Et sa figure égrillarde
 Prend de singuliers reflets.

DÉSAUGIERS avec tant d'esprit
Fait le *feuilleton dramatique*,
Qu'en l'écoutant dame critique
Est désarmée, et qu'elle rit.

 Lorsque THIÉBAUX chansonne
 Le type de l'abonné,
 En traits malins il foisonne,
 Il prouve qu'il a bon né !

De loin VILMAV, tout essoufflé,
Portant le *souffleur* sur sa lyre,
Pour trouver ce qu'il en doit dire
N'a pas besoin d'être soufflé.

 POINCLOUD nous peint des *actrices*
 Les penchants, les mœurs, le goût,
 Et, sondant tous leurs... caprices,
 Sur elles s'étend beaucoup.

Ces dames parfois ici-bas,
Sans le connaître, ont plus d'un père...
Elles ont toujours une *mère*,
Dont JUTEAU chante le cabas.

 LYON soigne son *affiche*,
 Et dans tout ce qu'il y met

De promesses n'est pas chiche....
Mais il tient ce qu'il promet.
Van Cleemputte commodément
Se place dans une *baignoire*,
Et certes nous pouvons bien croire
Qu'il est là pour notre agrément.

    Sans que sa verve faiblisse,
    Il n'a, car il s'y connaît,
    Pour qu'à flots l'entrain jaillisse,
    Qu'à tourner le robinet.

Allard, avec son *costumier*,
A ses vers, suivant sa coutume,
Pouvant donner un beau costume,
Leur donne un vêtement princier.

    Du sel fin de l'épigramme
    En assaisounant le tout,
    Bugnot fait de son programme
    Un oracle du bon goût.

Avec tant de grâce et d'attrait
Mahiet peint l'*ouvreuse de loges*,
Que je n'ai pas assez d'éloges
Pour mettre un cadre à son portrait.

    Fournier s'asseoit au *parterre*,
    Parlant et gesticulant,
    Il aurait tort de se taire...
    D'esprit c'est un feu roulant.

Le *rideau* demeurant baissé,
Je m'informe, et je viens d'apprendre
Que Duplan, sans se faire entendre,

Derrière lui s'est éclipsé !
   Sur la *claque* KRAUS se montre.
   Remarquable et remarqué,
   Et mérïte bien par contre
   A son tour d'être claqué.
Au *paradis* les ris, les jeux
Pénètrent avec LAGOGUÉE,
Par son entrain, son humeur gaie,
C'est le séjour des bienheureux.
   De son *foyer* dramatique
   SALIN, pour mieux s'y loger,
   Fait un foyer électrique,
   Où l'esprit vient converger.
La loge d'actrice à nos yeux
Par VERGERON vient d'être ouverte,
C'est nne habile découverte
De détails vraiment curieux.
   MARIE avec tant de charme
   Décrit le *municipal*,
   Qu'on voudrait être gendarme
   A pied ou bien à cheval.
CLAIRVILLE d'un air ingénu
Nous dit ce qu'il sait des *coulisses*,
Et bons mots, traits piquants, malices,
Pétillent à jet continu :
   Sérieux, vif ou folâtre.
   Il prouve, comme toujours,
   Que nourri dans le... théâtre,
   Il en connaît les détours.

Au *contrôle* du BOUCLIER
Je suis tout prêt à me soumettre,
Mais qu'il veuille au moins me promettre
Au mien aussi de se plier.

   FESTEAU vertement gourmande
   Tout âpre solliciteur,
   Et ne veut pas qu'on demande
   Même un *billet de faveur* !

LE VAILLANT nous montre, en chantant
Les accessoires de la scène,
Que la belle humeur et la veine
Sont le point le plus important.

   Bien que déjà fort illustre,
   DEBUIRE, dans le caveau,
   Grâce aux splendeurs de son *lustre*,
   Brille d'un éclat nouveau.

BRUNEL, pour nous faire agréer
Les *suppléments* dont il dispose,
Pousse son amour de la chose
Jusqu'à se faire suppléer.

   On vient d'allumer la *rampe,*
   C'est à mon tour de chanter...
   Mais hélas ! chacun décampe,
   On ne veut pas m'écouter !

Je m'en console, et sans façons,
Heureux de l'échec que j'évite,
Je sors de l'*avant-scène*, et quitte
Le *théâtre*.... de nos chansons.

             Louis PROTAT, Membre titulaire.

LE RÉGISSEUR.

Air du rondeau de *Bonaparte à Brienne*
ou *Merveilleuse dans ses vertus.*

Je dirige, en fin connaisseur,
Thalie et sa sœur Melpomène,
Car, *Maître-Jacques* de la scène,
J'ai la place de *Régisseur*

Malgré ma cravate blanche,
Et mon sévère habit noir,
J'ai l'humeur accorte et franche
Pour qui fait bien son devoir.

A moi nos auteurs ont recours ;
Je les aide de ma science,
Et monte alors, sans préférence,
Les chefs-d'œuvre ainsi que les *ours.*

Décors, trappes et coulisses
Vont bientôt fonctionner ;
Beaucoup mieux que nos actrices,
On me voit les gouverner.

Souvent je dresse le *tableau*
Interdit à l'œil du profane ;
Et de nos travaux ce guide-âne
Mène mon turbulent troupeau.

En *magasin* je possède
Poignard, fusil, javelot ;
J'ai des lames de Tolède,
Et l'eustache de Janot.

A la scène festine-t-on,
J'offre du seltz pour du champagne,
Des fruits en cire, qu'accompagne
Un friand pâté de carton.

Sur nos dames que d'histoires !...
On a tort d'en penser mal,
Car j'ai dans mes *accessoires*
Plus d'un bouquet virginal.

D'une fée ayant le pouvoir,
Lorsque j'agite ma baguette,
Fleuve, salon, forêt, chambrette,
Sur les planches vont se mouvoir.

A ma voix parle la poudre
Dans l'arme des *figurants*,
Et je dirige la foudre
Sur la tête des tyrans.

Pour la pièce qui va broncher
Par ses tartines filandreuses,
J'ai les jambes de mes sauteuses
Afin de la faire marcher.

Au public, chose imprévue !
J'annonce, sans sourciller,
Qu'à l'instant notre *ingénue*
Vient d'accoucher au foyer.

Sous mes yeux ont passé cent fois
Des cabotins trichant la gloire,
Sans jeu, sans âme, sans mémoire ;
Et d'illustres chanteurs... sans voix !

Mais qu'entend-je dans la salle !...
Je crois qu'on crie après nous...
Vite au rideau je m'installe :
Attention aux *trois coups !*...

Je dirige en fin connaisseur
Thalie et sa sœur Melponène,
Car, *Maître-Jacques* de la scène,
J'ai la place de *Régisseur*.

Justin CABASSOL,
Membre honoraire.

LE PUBLIC.

Air : *Heureux habitants, etc.*

Le théâtre, amis,
Ce soir en ces lieux nous rassemble,
Il va des soucis
Chasser les pénibles ennuis :
A ces gais accents
Vidons nos verres tous ensemble,
Que ses traits piquants
Nous inspirent de joyeux chants.

Un drame à succès
Fait faire souvent une lieue ;
On vient tout exprès
Espérant être placé, mais,
Pour avoir accès,
Il faut faire une heure de queue,
Trop heureux le soir
Si le ciel ne fait pas pleuvoir.

Puis poussé, poussant,
Enfin, au bureau l'on arrive,
Là, pour son argent,
Plus d'un n'est pas toujours content,
Car, tout en payant,
Si votre présence est tardive,
On ne peut choisir
La place qui ferait plaisir.

Alors il faut bien,
N'y pouvant rien,
Prendre une place.
Bien ou mal on court
A l'ouvreuse faire sa cour,
Mais, soin décevant,
Malgré promesse ou bien menace,
Le troisième rang
Est la place qui vous attend.

Partout le public,
En bas, en haut, partout se case,
L'un près d'un loustic,
Embaumant l'absinthe et le schnick ;
L'autre, plus heureux,
Près d'une belle est en extase ;
Et les amoureux
Au paradis vont deux à deux.

L'on entend des cris,
De tous côtés on se démène ;
Tout-à-coup ces cris
Excitent quolibets et ris,
C'est très amusant,
Mais c'est toujours même rengaine,
Le public payant
Veut la toile ou bien son argent !

Enfin le rideau,
Si frais, si beau,
Pourtant se lève.
Un drame nouveau
Nous fera pleurer comme un veau!
Un monstre d'époux,
Pour punir une fille d'Ève,
La frappe à grands coups!
C'est bien mal, soit dit entre nous.

Des mains,
Les Romains
Claquent à vous rendre malade,
Si c'est embêtant
C'est pour le succès important.
Mais qu'un bon acteur,
Avec cœur
Dise sa tirade.
Dès qu'il a du chic,
Sans Romains il plaît au public.

Air d'*Octavie*.

Quand Debureau trônait aux Funambules,
A son public inspirant des bons mots,
On y riait des sots, des ridicules,
Lorsqu'il mimait ridicule et sots.

Même public tout à côté se presse,
Pour les dix sous il faut voir comme il rit,
A chaque soir d'accourir il s'empresse
Pour s'amuser au petit Lazary.

S'il est parti ce théâtre où l'on pleure,
Et qui pourtant s'appelle la Gaîté,
On pleure encor dans sa riche demeure,
C'est triste, mais c'est une vérité.

Quand l'ouvrier a reçu son salaire,
Vous le voyez courir à Beaumarchais.
Soyez certain que là le prolétaire
S'amuse mieux qu'au Théâtre-Français.

De Saint-Martin, de l'Ambigu-Comique,
Tout le public est un méli-mélo,
On le rencontre à l'Opéra-Comique,
On le retrouve encore à Bobino.

Si chez Brunet chacun reste en extase,
C'est qu'on y voit des minois rondelets,
Et l'on y rit beaucoup mieux qu'au Gymnase,
Lequel jamais n'exhiba de mollets.

Au Châtelet débarque la province :
Ce public là prise fort les combats,
C'est avec joie et plus heureux qu'un prince
Qu'il applaudit à nos vaillants soldats.

Il faut finir enfin cette revue ;
Mais pour finir je cite l'Opéra,
Sûr d'y trouver et la cour et la rue,
Et la finance et le quartier Breda.

Pour le public le théâtre travaille :
Il est heureux quand sa pièce a du chic ;
Pour moi, qui crains que mon public ne baille,
Je lui dis *zut* et bonsoir au public.

VASSEUR,
Membre titulaire.

L'ORCHESTRE.

AIR de *Lauzun*.

A l'orchestre l'on voit s'asseoir
D'anciens beaux à blanches cravates,
On peut y lorgner chaque soir
De vieux galants aristocrates.
Aux actrices, dans des écrins,
Prodiguant leurs cheveux sans doute,
Ces lions ont vu tous leurs crins
Des coulisses prendre la route.

Pourquoi donc, amis du Caveau,
A l'amphithéâtre, au parterre,
N'est-il pas de tête de veau ?...
Où du moins l'on n'en trouve guère.
J'aimerais mieux, au paradis,
Savourant un bonheur terrestre,
Être un blondin sans un radis,
Que riche et quinteux à l'orchestre.

Dans maint couplet gaiment écrit,
J'ai vu ce soir mes camarades
Nous lancer de verve et d'esprit
D'éblouissantes pétarades.
Les vers que je commets ici,
Une fois par double semestre,
Me sembleront superbes si
Vos bravos leur font un orchestre.

DUVAL,
Membre associé.

LES DÉCORS.

Air. de *la Petite Margot*.

Que l'on s'efface,
Oui, place ! place :
J'entends l'orchestre aux magiques accords,
Qu'il pleure ou chante,
Viens, ma charmante,
Viens, je t'attends, belle fée aux décors !

Ah ! réponds-moi, sublime créatrice,
Toi qui du prisme a ravi les couleurs ;
Vas-tu ce soir, étrange en ton caprice,
Lui demander des rochers ou des fleurs ?
Dois-je m'attendre,
A voir s'étendre,
D'un vieux manoir les gothiques arceaux !
Cela m'attriste,
Et réaliste,
J'aime bien mieux les ombrages de Sceaux.

Hélas ! sevré de villégiature,
Hier, fuyant ton prestige enchanteur,

J'allais chez Lise admirer la nature,
Mais Lise était avec un protecteur.
        Crois-moi, coquette,
        Si ta baguette,
Change en boudoir la chambre de Lison ;
        Loin des peintures,
        Loin des dorures ,
Vont s'envoler le rire et la chanson.

Oui, désormais, sois ma seule compagne,
Je te préfère à la réalité ;
Quand tu construis des châteaux en Espagne,
On peut compter sur leur solidité.
        Dispose, ordonne,
        Je m'abandonne
A ton caprice, et je veux avec toi,
        Me mettre en route,
        Coûte que coûte,
Fut-ce aux enfers, je te suis sans émoi !

Eh ! mais que vois-je ? un nuage s'élève,
Il disparait, et, mes yeux éblouis
N'osent fixer, comme dans un beau rêve,
Ces palmiers d'or, aux grappes de rubis.
        Riches idoles,
        Sveltes coupoles,

Sur vos trésors le soleil amoureux
        Darde sa flamme,
        Prenant une âme.
Tous vos joyaux lui rendent feux pour feux !

Oui, c'est ici que règne la féerie ;
Sans faire tort à tes autres enfants,
Fée aux décors, à ta fille chérie,
Tu peux donner perles et diamants.
        La tragédie
        S'est anoblie,
Dans tes palais de porphyre et d'airain ;
        Grecque ou Romaine,
        A Melpomène
Ne faut-il pas un magnifique écrin ?

Grâce à tes soins, le sombre mélodrame
Trouve à son gré cavernes ou donjons ;
Et trop souvent le drame ourdit sa trame
Sous les lambris de tes riches salons !
        Lorsque Thalie
        De la folie,
Pour se distraire, agite le hochet,
        Tu ris, follette,
        Et ta baguette
De chez Vachette entrouvre un cabinet.

Que vois-je encor ? quelle magnificence !
C'est l'Opéra, c'est ton fils bien-aimé ;
Depuis longtemps à ta munificence,
Enfant prodigue, il est accoutumé.
                Capricieuse,
                Mais généreuse,
En plein midi souvent rasant le sol,
                Tu vas, je gage,
                Sous le feuillage,
Rendre visite au modeste Guignol....

D'où peut venir cet horrible tapage ?
C'est le Vésuve ou la mer en courroux....
Non, c'est Zidore et Lagoguée, en nage,
Criant là-haut : La toile ou mes 4 sous ! !

                Que l'on s'efface,
                Oui, place ! place !
J'entends l'orchestre aux magiques accords ;
                Qu'il pleure ou chante,
                Viens, ma charmante,
Viens, je t'attends, belle fée aux décors !

                        Jules DE BLAINVILLE,
                                Membre titulaire.

LE CENSEUR.

AIR : *Un homme pour faire un tableau.*

Partisan de la liberté,
Je l'aime surtout au théâtre,
J'aime la verve et la gaité
Charmant un public idolâtre.
Pourquoi donc cet ordre subit,
Ordre effrayant et qui me glace ?
Pourquoi, messieurs, sans nul répit
De censeur m'imposer la place ?

Déjà du temps de Figaro,
On sait ce qu'était la censure,
C'était à qui crierait : Haro !
Sur la pauvre littérature ;
Aujourd'hui les temps sont meilleurs,
On doit couronner l'édifice :
Mais, en attendant, les censeurs
Sont chargés d'un vilain office.

Refuser, serait digne et grand...
Mais une triste conseillère

M'offre un avenir rassurant
Dans cette mission sévère :
Enfin, le sort en est jeté,
J'entre carrément dans mon rôle,
Respect à mon autorité !...
Je suis censeur, et je contrôle.

Je commence par l'Opéra,
Dieu que d'abus !... que de scandale !
Danse... musique et cætera,
Tout est accroc à la morale ;
Les déesses en jupons courts
Exhibent beaucoup trop leurs charmes,
Contre cet appât des amours,
Censeur ! fais tes premières armes !

Passons au Théâtre-Français,
Là tout est sérieux et grave,
Et la morale n'est jamais
Au public jetée en épave ;
Mais la politique parfois
S'y glisse malgré la censure,
Et les *Giboyer*, vrais sournois,
Y creusent plus d'une blessure.

Le mélodrame d'autrefois
Semble abandonner son domaine.

Aussi, censeur assez courtois,
J'y tolère plus d'une scène ;
Mais si j'osais, de mes ciseaux,
Elaguer tout ce qui m'ennuie,
La pièce, tombant en morceaux,
Au panier serait enfouie !

Un dernier genre me sourit,
Mais, prends-y garde, cher Clairville,
Tu prodigues souvent l'esprit
Dans le plus petit vaudeville,
Et, d'un couplet trop croustillant
Si l'ami tolérait la verve,
Le censeur, quoique bienveillant,
Devra réprimer ta minerve.

Mais heureusement aujourd'hui,
Pour trinquer avec vous j'abdique,
Et je dépose ici l'ennui
De ma fonction politique ;
Applaudir vaut mieux que blâmer,
Et de grand cœur je m'y prépare,
A vous donc, Messieurs, de charmer
Le censeur qui chez vous s'égare.

HIPP. FORTIN,
Membre correspondant.

LE MÉDECIN.

Se nourrissant de pasquinade,
D'œuvres sans fond, d'écrits sans soin,
Le théâtre était très malade,
Et d'un docteur avait besoin.
Mais le public, qui ne voit goutte,
De rien hélas ! ne s'offensait,
Et le théâtre, somme toute,
De ce mal-là s'enrichissait.
Un certain jour paraît en maître,
Sûr de lui rendre la santé,
Un docteur, qui venait de naitre,
Et qu'on nommait la *Liberté*.
Grâce aux remèdes qu'il conseille
Il guérit le pauvre perclus ;
La santé revint à merveille,
Mais le public ne revint plus.
Ainsi finit la comédie ;
Par le public au goût malsain
Il vivait de sa maladie ;
Il est mort de son médecin !

Henri GILLET.
Membre associé.

L'AUTEUR

JEAN CLYSOIR, AUTEUR DRAMATIQUE.

Aɪʀ du *Diable à Paris.*

Voulez-vous savoir
Comment Jean Clysoir,
Courtaud de boutique,
Auteur dramatique,
Eut le vertigo
D'enfoncer Hugo?

Clysoir au bout de Saint-Christophe
     Habitait :
Le galant mesureur d'étoffe
     Que c'était !
Aussi les beautés les plus vaines
     Du canton,
Assiégeaient, essaim de phalènes,
     Son rayon.

Mais, las de métrer tant de pièces,
Un beau jour
Il se dit : J'en ferai, des pièces,
A mon tour !
Voulez-vous savoir, etc.

Le voilà donc pour la grand'ville
Emballé ;
Dans sa malle est maint vaudeville
Ficelé ;
Avec ça, drame, comédie,
Opéra,
Je crois même une tragédie
Qu'on jouera...
Le jour où le grand Arbogaste,
Aux Français,
Viendra réclamer avec faste
Son succès.
Voulez-vous savoir, etc.

Il frappe en vain à chaque porte,
Car toujours
On lui dit : Le diable t'emporte,
Montreur d'ours !
Un jour cependant on embauche
Notre auteur,
En lui donnant pour son ébauche
Un frotteur.

Ce frotteur en prend un deuxième
N'importe où,
Le deuxième en prend un troisième...
Succès fou !
Voulez-vous savoir, etc.

Depuis ce jour, grâce à sa veine
De brosseur,
Il règne en tyran sur la scène,
Le farceur !
Son nom se carre sur l'affiche,
En loustic ;
Il empoche, et puis il se fiche
Du public.
Le style, hélas ! point trop n'illustre
Ses écrits ;
Mais le machiniste et le lustre
L'ont compris.
Voulez-vous savoir, etc.

Sans crainte d'épuiser sa pompe,
Jean Clysoir
Désormais triomphe avec pompe
Chaque soir.
Vainement oserait l'envie,
Sans raison,
Distiller sur sa noble vie
Le poison :

Il laisse grogner à sa porte
Ses rivaux ;
Il a sa croix... même il la porte
Sur le dos.

Voulez-vous savoir
Comment Jean Clysoir,
Courtaud de boutique,
Auteur dramatique,
Eut le vertigo
D'enfoncer Hugo ?

Joseph BOULMIER,
Membre associé.

LES FIGURANTES.

Air : *Mon père était pot.*

Au théâtre les figurants,
  Ces muets personnages,
Ne gagnent que deux ou trois francs
  Pour montrer leurs visages :
    Ils ne peuvent pas
    Devenir très gras,
  Ni se faire des rentes :
    Avec de beaux yeux
    Le sort a bien mieux
    Traité les figurantes.

Les figurantes sont toujours
  D'agréables statues,
Souriant sans cesse aux amours,
  Et richement vêtues ;
    Pour les spectateurs,
    Pour les amateurs

Elles semblent charmantes :
  Les jeunes garçons,
  Les vieux polissons
Lorgnent les figurantes.

Ces dames, quand sonne minuit,
  N'ont pas fini leur rôle,
Et la plupart toute la nuit
  En joueront un plus drôle ;
  Souvent jusqu'au jour
  Elles font l'amour :
Dans ces poses galantes
  Les vertus, hélas !
  Ne figurent pas
Parmi les figurantes.

Il faut les voir dans un festin,
  Ces agaçantes filles,
Rigoler jusques au matin
  Avec de joyeux drilles ;
  Elles font alors,
  En tordant leurs corps,
Le rôle de Bacchantes :
  On entend enfin,
  Sans trève ni fin
Parler les figurantes.

Parfois, après un bon repas,
  Leur rôle continue ;
La plus belle fera Pallas,
  Ou Vénus toute nue.
   Dans le carnaval
   On se rend au bal
  En toilettes brillantes :
   Vous voyez en l'air,
   Vif comme l'éclair,
  Le pied des figurantes.

Lorsqu'elles ont des agréments
  Elles peuvent, sans peine,
Gagner de beaux appointements,
  Même un riche domaine ;
   Quelque vieux galant
   Offre à leur talent
  Des espèces sonnantes,
   Et bientôt l'émail,
   L'or et le corail
 Ornent les figurantes.

Mais on en voit, le plus souvent,
  Qui ne font pas fortune,
Qui, terre à terre, vont suivant
  Une route commune,

Dans nos carrefours
Ces pauvres amours,
De leurs mains défaillantes
Tiennent les balais :
Du corps des ballets
Ce sont les figurantes.

Hélas ! pourquoi tout rembrunir
Et contrister les âmes ?
Ne songeons plus à l'avenir,
Faisons comme ces dames :
La vie à présent
Est un beau présent
Pour nos fibres aimantes ,
En ce gai repas,
Chantons les appas
Des belles figurantes.

J. LAGARDE,

Membre honoraire.

LE FEUILLETON

AIR du *Verre*.

Je vais chanter à ce repas
Le sujet que le sort me donne,
La matière ne manque pas,
Et l'occasion est fort bonne :
Plus d'un critique fanfaron
Aveugle plutôt qu'il n'éclaire,
Pourquoi faut-il que les Fréron
Soient moins rares que les Voltaire ?

AIR : *Comme il m'aimait.*

Un feuilleton,
Ou dramatique ou littéraire,
Suivant qu'on est méchant ou bon
S'il n'est tigre, il sera mouton :
C'est vous dire, en pareille affaire,
Le mal ou le bien que peut faire
Un feuilleton.

Aɪʀ : *les Anguilles et les jeunes Filles.*

Le feuilleton hebdomadaire
Est indispensable au journal,
Et les rédacteurs pour le faire
Ne s'en tireront pas trop mal :
Ainsi que certaines provinces,
Gens de talent, mais redoutés,
La critique compte des princes,
Des princes sans principautés !

Aɪʀ : *Ma Belle est la belle des bélles.*

Bien qu'elles soient fort séduisantes,
Et qu'on leur fasse un bon accueil,
Malheur aux pauvres débutantes
Qui ne leur donnent pas dans l'œil !
A ces gentilles tourterelles,
Comme vous pouvez le penser,
Le feuilleton donne des ailes,
Ou les empêche de pousser.

Aɪʀ : *Une Chaumière.*

Pour cinq centimes
On peut lire après son repas
Faits divers, morts, accidents, crimes,
Et les feuilletons de Dumas
Pour cinq centimes.

Air : *Où s'en vont ces gais bergers ?*

Où s'en vont tous ces gens là
   Pleins d'ardeur et de zèle ?
Ils vont sans débourser ça
   Voir la pièce nouvelle :
Lundi ces messieurs en parleront
   Sans ménager personne
Et voilà l'usage qu'ils feront
   Des billets qu'on leur donne.

Air : *la Bonne aventure o gué !*

Pour des mots rien moins que doux
   L'homme, qu'on malmène,
Vous propose un rendez-vous,
   Qui vexe et qui gène :
Ce jour là, très intrigué,
On n'ira pas d'un air gai
   Au bois de Vincenne
     O gué,
   Au bois de Vincenne !

Air : *Contentons-nous d'une simple bouteille.*

Les feuilletons plus ou moins historiques
Auront le don d'amuser le lecteur,
Les faits cités, n'en déplaise aux critiques,
Y sont souvent groupés avec bonheur :

De l'intérêt, ils en ont, c'est notoire,
Et cependant, on n'en saurait douter,
Que Monsieur Thiers fasse encore une histoire,
Ce n'est pas eux qu'il ira consulter !

AIR : *A la façon de Barbari.*

Certains peintres et des meilleurs
Trouvent que sans mesure,
Comme un aveugle des couleurs,
On y parle peinture :
Tel ne distingue pas un *si*
D'un *ré*, ni d'un *mi*,
Disait Rossini,
Qui parlera musique aussi,
Biribi,
A la façon de Barbari,
Mon ami ! !

AIR : *De ma Céline amant modeste.*

Il en est de peu d'importance,
Soit dit sans les humilier,
Qui terminent leur existence
Chez la fruitière ou l'épicier ;
Tel autre, brillant météore,
Fut remarquable et remarqué,
Que dans les bois on trouve encore,
Lorsque les feuilles ont manqué.

Air du *Fleuve de la vie.*

Bref, il est parfois très nuisible
A de certains individus,
Tel se croyait incorruptible
Qui journaliste ne l'est plus !
De sa plume faisant commerce,
Hippocrate, mieux avisé,
N'eut peut-être pas refusé
    Les présents d'Artaxerce.

Air : *Ma marmotte a mal au pied.*

En terminant mon feuilleton,
  A mon tour je confesse
Qu'il ne brille pas par le ton ,
  Ni par la politesse !
Et quand un homme... distingué
  Fait une chansonnette,
Ce n'est pas tout que d'être gai,
  Faut encore être honnête !

Eugène Désaugiers,
Membre honoraire,

~~~~~~~~~~~~~~~~~~~~~~~~~~~~~~~~~

L'ABONNÉ.

Air : *J' n'ai pas l'sou.*

L'abonné,
L'abonné,
Puisque j'y suis amené,
L'abonné,
L'abonné
Sera, ma foi, chansonné.

Après s'être promené,
Après avoir bien dîné,
Au théâtre l'abonné
Va d'un pas déterminé.
L'abonné, etc.

D'ordinaire l'abonné,
En quatre-vingt-treize né,
S'appelle de Saint-René,
Et passe pour fortuné.
L'abonné, etc.

Lunettes d'or sur le né,
Habit bleu bien boutonné,
Dans sa stalle un abonné
Est de suite deviné.
    L'abonné, etc.

Par le caissier caliné,
Par l'ouvreuse flagorné,
Sur son chemin l'abonné
Voit tout un monde incliné.
    L'abonné, etc.

Bien que classique acharné,
De Racine enraciné,
En l'écoutant, l'abonné
S'endort et ronfle à plein né.
    L'abonné, etc.

Au yeux du grave abonné
Hugo n'est qu'un forcené,
Dont le vol désordonné
Peint l'aigle indiscipliné.
    L'abonné, etc.

Avant qu'il soit terminé
On sait, grâce à l'abonné,

Que, dans le drame donné,
Chacun meurt empoisonné.
    L'abonné, etc.

Jadis, selon l'abonné,
L'auteur était moins gêné,
Le comédien moins borné,
Et le public moins berné.
    L'abonné, etc.

L'acteur joue, et l'abonné,
De moins en moins étonné,
Indifférent tient le né
Sur un journal nouveau-né.
    L'abonné, etc.

Mais après minuit sonné,
Et par l'ennui talonné,
Dans un lit bien bassiné
Se glisse enfin l'abonné!

    L'abonné,
    L'abonné,
Puisque j'y suis amené,
    L'abonné,
    L'abonné
Sera, ma foi, chansonné.

D. Thiébaux,
Membre titulaire.

LE SOUFFLEUR.

AIR : *Ne ralliez pas la garde citoyenne.*
ou des *Comédiens.*

Merci, messieurs, votre main fraternelle
Vient à son trou d'arracher le souffleur,
Et sur la scène où le Caveau l'appelle,
Sa voix reprend son timbre et son ampleur !

Je suis, hélas ! dans ma loge isolée,
Comme le dit Racine en ses Plaideurs,
Pour soutenir la mémoire troublée
Des comédiens... qui sont bons entendeurs.

Le texte en main, fixant mon personnage,
Et, devançant ses hésitations,
Je sais jeter le mot qui le dégage,
S'il est pour moi rempli d'attentions.

Eh bien, l'emploi modeste, mais utile,
Qui de la scène est le ferme soutien,
Et qu'on ne peut donner à l'imbécile,
Ne gagne pas le pain quotidien !

Il me faut donc du métier de copiste
En cumulant le très mauvais emploi,
De mes besoins étudier la liste,
En attendant... l'heure de mon convoi.

Mais à qnoi bon aboyer à la lune ?
Le philosophe a pour gîte un tonneau.
Et dans ce gîte, il est sûr, sans pécune,
De... vivre mal et de boire de l'eau !

Pourtant, je vois que chacun bat de l'aile,
Que les canards s'envolent en aiglons.
Si je tentais, l'occasion est belle,
De m'enrichir à souffler des ballons!

C'est qu'à ce jeu, l'on risque mainte entaille !
S'écloppe-t-on, dans ce périlleux vol,
On vous dit *Zut !* ou : *Fallait pas qu'y aille !*...
Va, pauvre *taupe,* habiter ton sous-sol !

Mais, en passant, donne ton coup de griffe
Au cotillon de l'essaim théâtral,
Monde charmant, qui gentiment s'attife,
Et dit fort bien... mais n'agit que fort mal.

En mécontent, éreinte sur la scène,
Tous nos auteurs, plus ou moins excellents!
Dis que l'époque est en large *deveine* :
Thalie appelle en vain de grands talents !

Oh! reviens donc! Reviens, mon vieux Molière,
Montrer, du doigt, à nos contemporains
L'ample moisson, parmi la fourmilière,
Où les *roués* règnent en souverains !

Souffle leur donc ta sublime formule!
Un seul Tartuffe a subi ton pinceau,
Mais aujourd'hui le Tartuffe pullule :
Chaque vertu le voit à son berceau...

Souffle-leur donc qu'ils crossent cette échelle
Où du tripot grimpent les affranchis :
Et, secouant leur fange originelle,
Qu'ils montrent nus les fripons enrichis!

Le gros bourgeois du noble prend la pose,
Éclipsant tout par un luxe effronté,
Puis, pour cacher sa roture, il appose
La particule à son nom frelaté !

Au grand soleil la courtisane roule !
Son impudence est sans fouet vengeur...
La voyez-vous éclabousser la foule,
N'ayant au front que le fard pour rougeur !

Ah ! c'en est trop! bons teneurs d'étrivière,
Flagellez donc le vice et le défaut!
Vous le voyez, ce n'est pas la matière,
C'est le génie, hélas ! qui fait défaut!

En attendant qu'un Molière surgisse,
Je vois mourir maint petit manuscrit,
Et du présent je souffle la malice
Au bataclan des débitants d'esprit!

VILMAY,

Membre associé.

LES ACTEURS ET LES ACTRICES.

Air de la *Petite Margot.*

Charmants acteurs, actrices adorables,
Noms glorieux sacrés par les bravos,
Dont chacun dit les succès mémorables,
Salut à vous! salut à vos travaux!

Bien que d'abord elle apparaisse en rose,
Dans votre sphère on marche d'un pas lent;
Tout ce qui pense, étudie ou compose,
Sait à quel prix s'achète le talent!

Pour acquérir une diction pure,
Peindre l'effroi, la joie et les douleurs,
Quelque doué qu'on soit de la nature,
Qu'il faut de temps, d'études, de labeurs!

Sans trop charger, on doit être comique,
Du naturel avoir le sentiment;
Protée adroit, comme un grand politique,
Savoir changer de masque à tout moment.

Par le bon goût désarmer la critique,
Interpréter sainement les auteurs,
Être à la fois, ou tendre ou pathétique,
C'est du subline atteindre les hauteurs !

Il faut encore, en abordant la scène,
Ne pas blesser maintes célébrités ;
Paralyser et l'envie et la haine,
Et supporter bien des iniquités !

Mais quel bonheur ! combien l'âme en est fière !
Quand, au travers d'un prisme éblouissant,
On aperçoit toute une salle entière,
Ravie, émue à votre jeu puissant !

Si quelques sots, remplis d'intolérance,
Veulent tenir les acteurs à l'écart,
Les gens d'esprit, les gens d'intelligence
Prisent en eux les disciples de l'art.

Tous ne sont pas « ce qu'un vain peuple pense »
Des débauchés se parant d'un défaut ;
Non loin de ceux aux mœurs par trop régence...
On voit briller des hommes comme il faut.

Dans leur milice, où le cœur vagabonde,
Où l'esprit d'ordre est fort peu casanier,
Sans aucun doute, il est un demi-monde,
Un choix à faire... un dessous du panier !

Dépensant mal une trop riche séve,
Et de beaux jours... souvent sans lendemains,
Nos Saint-Léon, Saint-Amour, Saint-Estève
Ne vivent pas comme de petits saints.

On voit chez eux des vanités splendides,
Des traîtres gais, des bouffons sérieux ;
Des amoureux guindés, glacés, *à rides*,
Ayant besoin qu'on leur donne des *feux;*

Les écoliers se poser en grands maîtres,
Et se croyant un mérite profond :
Pour se juger des *Talmas*, des *Lemaîtres*,
Dites-moi donc comment ces gens-*là font?*

Vous y trouvez, léger comme sa caisse,
Un financier aux moyens contestés,
Tout étonné de voir dans chaque pièce
Par le public ses *effets...* protestés ;

Un premier rôle, au ton déclamatoire,
Dont l'orgueil hausse et le talent décroit :
Dans plus d'un rôle il manque de *mémoire,*
Il manque aussi... de payer ceux qu'il doit !

Un confident, à la voix en sourdine,
Tragédien brillant... au dernier rang,
Qui, de tout temps, par amour de *Racine* ..
A cultivé la *carotte* pur sang ;

Amant doté de quelque douairière,
Un beau Frontin se donnant de grands airs :
Vers ses vingt ans, artiste capillaire,
Pour le théâtre... il a brisé ses *fers !*

Parfois s'y montre un heureux caractère,
D'argot plaisant répertoire complet,
Joyeux bohême et gai porte-misère,
Dinant d'un mot... et soupant d'un couplet !

En regrettant de leur jeter mes blâmes,
Et, sans parler de celles en renom,
Je reconnais trop de *petites dames*...
Qui n'ont vraiment d'actrices que le nom !

Adroitement ces friponnes insignes
Savent comment prendre leur directeur,
Afin d'avoir des rôles de vingt lignes
Avec jupon... de la même longueur ;

Pour répéter, grâce à maintes rencontres,
Les obtenir est une exception ;
Dans leurs joyaux ces dames ont des montres...
Mais pas de montre... *à répétition !*

En huit ressorts ces belles Madeleines
A tous les yeux veulent se faire voir :
Leur vrai théâtre est Longchamps et Vincennes,
Et leurs succès des talents de boudoir !

Partout leur luxe et s'affiche et déborde,
Nymphes du *bois*, et nayades du *Lac*,
Au turf galant elles tiennent la *corde*...
Et font *courir* les hauts-barons du *sac*.

A des prix fous leurs faveurs sont cotées,
De cocodès elles ont une cour :
Bien que toujours ces beautés bisautées
Fassent sauter la coupe au jeu d'amour !

Pourtant il est encor de bonnes filles
Qu'avec adresse on parvient à toucher :
En leur passant cinq à six pécadilles,
On n'a vraiment... rien à leur reprocher !

Mais tout cela du grand art dramatique
Ne peut en rien rabaisser le niveau ;
C'est un détail... un croquis satirique,
Enfin, c'est l'ombre à côté du tableau !

Charmants acteurs, actrices adorables,
Noms glorieux sacrés par les bravos,
Dont chacun dit les succès mémorables...
Salut à vous ! Salut à vos travaux !

POINCLOUD,
Membre titulaire.

LA MÈRE D'ACTRICE.

Air : *Les anguilles, les jeunes filles.*

Ce n'est que pour montrer du zèle,
Qu'à ce tournoi je viens chanter,
Car de la fibre maternelle
Je n'ai jamais su plaisanter...
Puissé-je, engagé dans la lice
Pour traiter un sujet scabreux,
En peignant la mère d'actrice,
N'y pas rencontrer de cheveux.

De sa fille unique idolâtre,
Et stimulant son hanneton,
Soit au logis, soit au théâtre
Elle tourne comme un toton ;
Pour hâter le début propice
Que toutes les deux ont rêvé,
Quelle ardeur la mère d'actrice
Déploie à battre le pavé !

Grâce à Thalie elle est placée,
Cette enfant, l'espoir des beaux-arts,
Dans ses goûts toujours caressée,
Même à la scène des écarts :
Quand dans la loge la novice
Travaille avec son directeur,
Au foyer la mère d'actrice
Hameçonne un entreteneur.

Prodigue d'attentions tendres,
Elle est heureuse de vernir
Les bottes de ses nombreux gendres,
Qui se succèdent... sans mourir ;
Gaîment fière de son service,
D'une main tenant un bougeoir,
De l'autre la mère d'actrice
Ouvre la porte du boudoir.

Soufflé par un drôle de père,
Son petit-fils souvent lui dit :
« Va! tu nous embêtes, grand'mère! »
Et la bonne vieille applaudit ;
Grandelet, si sur elle il p....
Ou s'il déchire son foulard,
Avec feu, la mère d'actrice
Admire et baise le moutard.

Quoique ne marchant plus qu'à peine,
Tous les soirs, d'un air guilleret,
Du théâtre, où sa fille est reine,
Elle tient les watter-closet.
Mais je finis là cette esquisse
Qui prouve, sauf exception,
A quel point la mère d'actrice
Élève l'abnégation !

JULES-JUTEAU
Membre titulair

LA BAIGNOIRE.

Air : *Un homme pour faire un tableau.*

Un soir, je croquais le marmot,
Maudissant la pluie et la bise ;
L'ami, qui m'apporte ce mot,
Dit : Le hasard te favorise !
Mais je maudis cette faveur,
Et soutiens qu'il est dérisoire
De forcer un ancien buveur
A chanter ici la baignoire !

Puisque ainsi l'a voulu le sort,
Me plaindre serait inutile ;
Faisons donc un dernier effort
De verve, de goût et de style !
Oui, subissons notre destin :
Mais j'aimerais mieux, c'est notoire,
Vous envoyer à ce festin,
La *futaille* que la *baignoire* !

Lise, bien qu'elle fût au bain,
Certain jour, reçut ma visite ;
Sans me montrer trop de dédain,
Elle me renvoya trop vite.
Prenez bien garde au dernier pas,
Dit-elle, mon allée est noire :
Si je ne vous reconduis pas...
Prenez-vous-en à la baignoire !

Il était pourtant autrefois,
Au théâtre, certaine loge,
Qui fixa bien souvent mon choix ;
Mais, hélas ! le plaisir déloge.
Le souvenir m'en est resté,
Grâce à son modeste accessoire :
Auprès d'une jeune beauté,
Dieu ! qu'on était bien en baignoire !

Robin eut l'insigne bonheur,
Pour l'avenir quel beau présage !
De recueillir le prix d'honneur,
Fruit de l'étude et du courage.
Mais hélas ! affreux dénoûment !
Chez un saltimbanque, après boire,
En répétant... *Papa !... Maman !...*
D'un phoque il tient dans la baignoire.

On dit que l'acteur *Rosambeau*,
Qui ne sentait pas la muscade,
Reçut, pour un prompt *lavabo*,
Trente sous d'une camarade.
Joyeux et fier, il y courait ;
Mais le gaillard aimait à boire,
Et l'enseigne du cabaret
Lui fit oublier la baignoire !

J'adore, il faut bien l'avouer,
Les trésors qu'offre la nature :
Et nul ne m'entendra louer
Des cerceaux l'ignoble imposture.
Quoique vieux, j'aime les attraits
Ne présentant rien d'illusoire,
D'une odalisque je voudrais
Partager encor la baignoire !

Victime du plus triste sort,
Clarence, amateur d'ambroisie,
Voulut, pour y trouver la mort,
Une tonne de malvoisie.
Je dis, entre nous, que son choix,
Vu l'urgence, était méritoire ;
Mais j'aimerais mieux toutefois
Qu'elle me servît de baignoire !

Or, voilà tout ce que j'ai su
Tirer d'une matière ingrate,
Peu faite, on s'en est aperçu,
Pour vous désopiler la rate.
Mais si le sommeil doucement
S'empare de mon auditoire,
Ce sera toujours un calmant
Que vous devrez à la baignoire !

PAUL VAN CLEEMPUTTE,
Membre titulaire.

L'AFFICHE.

AIR : *Contentons-nous d'une simple bouteille*.

Tous les matins on voit en évidence,
Sur des placards, roses, jaunes ou gris,
Ces mots *par ordre*, ou bien *succès immense*,
Qui font courir les niais de Paris :
Pour attirer le public idolâtre,
Adroitement nos malins directeurs,
Lorsqu'il s'agit d'affiches de théâtre,
Nous en font voir de toutes les couleurs.

AIR des *Sorciers*.

Les artistes, les gens de lettres,
Assez avides de renom,
Veulent partout qu'en grandes lettres
Sur l'affiche on mette leur nom :
Puis avec la même exigence
Arrivent les décorateurs,
Des chanteurs,

Des danseurs,
Des jongleurs.
Bientôt sur l'affiche, je pense,
On verra le nom des souffleurs...
Et des claqueurs.

Air *du Charlatanisme.*

L'affiche du Palais-Royal,
Ayant séduit la belle Elvire,
Elle dit d'un ton jovial,
Mon vieux, tu devrais m'y conduire?
Mais j'ai pour principes constants
Qu'avec la plus aimable biche,
Lorsqu'on a femme, des enfants,
Et surtout passé soixante ans...,
Il ne faut pas que l'on s'affiche.

Air : *la Petite Lisette.*

En faveur d'une pièce,
Qui souvent ne prend pas,
On fait gémir la presse
Avec un grand fracas !
Le public qui s'en fiche,
Lance de malains traits ;
Et dit, en fait d'affiche...
Ah ! fichez-nous la paix !

Air de *la Colonne*.

J'aime à voir quand je me promène,
Affichés sur le boulevard
Ces noms qu'illustra notre scène,
Racine, Voltaire, Régnard,
Scribe, Auber, Halévy, Mozart !
Je songe aux brillantes couronnes
Que leur ont valu leurs succès,
Et je suis fier d'être français,
Quand je regarde les colonnes !

Air : *Au soin qae je prends de ma gloire.*

Si j'en crois maint censeur morose,
Ces colonnes ont un défaut,
Les affiches que l'on y pose
Y sont mises tellement haut,
Que pour les lire l'innocence
Tourne ses regards vers les cieux,
Près d'un endroit, où la décence
Voudrait qu'elle baissât les yeux.

Air de *Madame Favart*

Chaque jour on change l'affiche
De nos théâtres, mais hélas !

Le répertoire étant peu riche,
Les spectacles ne changent pas ;
Cent fois de suite un mélodrame
Au peuple donne le frisson !
Et l'on dit, lisant le programme,
C'est toujours la même chanson.

Air du *Piége.*

Des théâtres, grâces aux lois,
La liberté va reparaître :
Espérons que l'esprit gaulois
Et les gais flons flons vont renaître.
Nous verrons sur l'affiche enfin
L'ancien genre du vaudeville,
Qu'avec tant d'esprit et d'entrain,
Cultive notre ami Clairville

LYON,
Membre titulaire.

LE COSTUMIER.

Air d'*Octavie*.

Pour réussir, au théâtre, à la ville,
Et de succès pour être coutumier,
Chaque héros doit, en acteur habile,
Savoir choisir un adroit costumier.

Talma jouant le fougueux Orosmane
Avec son cœur, son âme et son débit,
Près du parterre eut passé pour un âne,
Si d'un Jocrisse il eût porté l'habit.

Le costumier peut transformer un rustre
En duc, en prince, en marquis, en milord,
Et le public, ébloui par le lustre,
Sans réfléchir, peut s'y tromper d'abord.

Vous me direz qu'en grattant peu l'écorce,
Vite on pourrait retrouver le manant ;

6

Mais que de gens d'une trompeuse amorce
Sont satisfaits, sans aller plus avant.

L'habit, dit-on, n'a jamais fait le moine,
Mais ce proverbe est bien d'un étourdi :
La pourpre et l'or sont un fier patrimoine,
Quand de la foule on veut être applaudi.

Je ne veux pas étaler les défroques
Des charlatans, impudents baladins,
Car leurs manteaux et leurs discours baroques
Aux nigauds seuls ont fait battre des mains.

Pleine d'esprit, piquante et très fantasque,
Au costumier la lionne Clara
Va commander son domino, son masque,
Pour intriguer des gandins d'opéra.

Le costumier, abdiquant sans courage,
Pour plaire au goût d'un orchestre grivois,
Diminuant la jupe et le corsage,
Du maillot seul bientôt suivra les lois.

Que je voudrais, prenant de la folie
Le fin costume et les joyeux grelots,

Vous égayer, en invoquant Thalie
A ce tournoi, la bataille des lots.

D'Eylau, morbleu, ce calembourg me grise,
Comme Chauvin, je rêve aux grands combats
Où le génie, en redingote grise,
Par son costume entraînait le soldat.

Pour réussir, au théâtre, à la ville,
Et de succès pour être coutumier,
Chaque héros doit, en acteur habile,
Savoir choisir un adroit costumier.

ALLARD-PESTEL,
Membre titulaire.

LE PROGRAMME,

JOURNAL DES SPECTACLES.

AIR : *Tu n'auras pas , p'tit polisson.*

Le meilleur journal aujourd'hui,
    Je le proclame,
        C'est *le Programme ;*
Entre tous, pour moi, c'est celui
Qui sait le mieux chasser l'ennui.

C'est l'agréable moniteur
Et des acteurs et des actrices !
A l'affût des bruits de coulisses
Pour en égayer son lecteur.
    Le meilleur journal, etc.

Il donne les noms, fort tentants,
Des pièces fraîchement pondues ;
Les reprises... souvent perdues ,
Des mélodrames du vieux temps.
    Le meilleur journal, etc.

Il dit que le Français malin
Créa jadis le vaudeville ;
Et qu'alors le nom de Clairville
Était Olivier Basselin.
    Le meilleur journal, etc.

Il dit, en critique narquois,
Au grand chanteur qui se fourvoie :
Si tu quittes la bonne voie,
Tu pourras bien manquer de voix.
    Le meilleur journal, etc.

Souvent il pourchasse les ours,
Fruits d'une plume abâtardie ;
Aux banquets de la comédie
On a souvent des petits fours.
    Le meilleur journal, etc.

Le canard, souvent c'est le *hic*,
Dans *le Programme* vole ou nage,
Mais c'est un oiseau de passage,
Que sait digérer le public.
    Le meilleur journal, etc.

Ce beau danseur, dans les ballets,
Montre une jambe académique ;

Et *le Programme* nous indique
Où se vendent les faux mollets.
    Le meilleur journal, etc.

Quelquefois d'un ton guilleret
Il dit, d'une jeune première,
Qu'aujourd'hui la voilà grand'mère...
Et ne croit pas être indiscret.
    Le meilleur journal, etc,

Sans laisser son public chercher,
Pourquoi s'ajourne une revue,
Il vous dit : c'est que l'ingénue,
Hier au soir, vient d'accoucher.
    Le meilleur journal, etc.

Ici, parfois, un directeur
Obtient une louange insigne,
Mais qu'il paie à cinq francs la ligne,
Et dont il est lui-même auteur.
    Le meilleur journal, etc,

Il coûte assez cher au lecteur
Lorsque le spectacle commence ;
Mais dès que la pièce s'avance,
Il perd beaucoup de sa valeur.
    Le meilleur journal, etc.

Du mien, je le dis sans détour,
Vous pouvez faire quelque chose ;
Pour en juger, à la nuit close,
Allez avec lui faire un tour.

Le meilleur journal aujourd'hui,
            Je le proclame,
            C'est *le Programme;*
Entre tous, pour moi, c'est celui
Qui sait le mieux chasser l'ennui.

A. BUGNOT,
Membre titulaire.

L'OUVREUSE DE LOGES.

Air d'*Octavie*.

Mes bons messieurs et vous, mes belles dames,
Quand vous venez chez nous, qu'il soit permis
De souvent faire un appel à vos âmes,
Nous ne vivons que de petits profits.

Ce beau discours de l'ouvreuse de loges
S'entend partout débiter platement ;
Mais moi, qui veux être digne d'éloges,
J'ai pour chacun un adroit boniment.

Je sais meubler d'abord les vestiaires,
Car, c'est certain, la gêne et la chaleur
Sont trop souvent mauvaises conseillères,
Et font siffler les acteurs et l'auteur.

Je fais ensuite accepter le programme,
Qu'il est fort bon parfois de conserver
Pour s'en servir quand un cas le réclame...
On ne sait pas ce qui peut arriver !

Caser chacun, voilà ma grande affaire,
Selon qu'on veut voir ou bien être vu ;
Je sais parler, ou bien je sais me taire,
Et, tout à point, je pare à l'imprévu.

Lorsqu'il me vient de ces vieilles coquettes,
Sous le pastel masquant un âge mûr,
Je fais valoir, en dépit des lorgnettes,
Ces vieux portraits dans un beau clair...obscur.

J'ai sous le gaz, au profit des lorettes,
De bons fauteuils où les yeux bleus ou noirs
Peuvent piper, comme des alouettes,
Les beaux gandins venant à leurs miroirs.

Je garde encor pour les couples honnêtes,
Fuyant un père ou le mari jaloux,
Une baignoire où les doux tête-à-têtes
N'ont point d'échos chez le père ou l'époux.

Pour cette Anglaise au long col de girafe,
Et qui se paie un aimable ténor,
Je mets au jour les bouchons de carafe,
Ces diamants qui le charment encor.

Pour ces barbons qui recherchent l'extase
Dans le ballet, près de l'orchestre, à part.
J'ai des fauteuils où les yeux sous la gaze
Plongent bien haut quand vient le grand écart.

C'est moi qui vends ces bouquets, qu'aux actrices
Lancent les vieux ou jeunes protecteurs ;
Puis qu'on me rend le soir dans les coulisses,
Pour les revendre à d'autres acquéreurs.

Du lycéen je connais les largesses,
En écornant le budget du *bûchot*,
Si je lui donne à l'instant les adresses
Des *Fénella*, qu'on peut voir sans maillot.

Mais quand je prends mes airs d'aristocrate,
C'est dans les jours de pièces à succès,
Dans ces grands jours, ainsi que l'autocrate,
En Polonais je traite les Français.

Et si l'on vient me réclamer sa place,
Sans le chapeau, sans la bourse à la main,
Ne disant mot, d'un geste froid de glace,
D'un strapontin j'indique le chemin.

Criez, courez, dans votre humeur rageuse,
Au contrôleur conter tous vos tourments,
Sachez payer la dîme à votre ouvreuse,
Ou bien payez la dîme aux suppléments !

Quant au *panné*, qui croit que son sourire,
Ses grands saluts et son truc de roué
Vont me payer, je commence par dire,
Sans faire un pas : Monsieur, tout est loué.

Mais subissant, hélas ! la loi commune,
Qui veut qu'ici rien ne dure toujours,
Je vois verser le char de ma fortune,
Et se briser dans le gouffre des fours !

Alors, devant et le vide et la *dèche*,
Courbant mon front tout en me regimbant,
Je cherche encor, me montrant moins revêche,
A carotter deux sous de potit banc.

C'en est fini, malgré mes politesses,
A mes doux mots tous les clients sont sourds !
C'en est fini ! l'on dirait que la pièce
Comme elle aussi les transforment en ours !

Et si pourtant, par une rare chance,
Un spectateur vient réclamer mes soins,
Je ne le dois jamais qu'à l'exigence
D'un *trouvé mal* ou des *petits besoins.*

Pour oublier, messieurs, mes belles dames,
Ces tristes jours, chez nous qu'il soit permis
De souvent faire un appel à vos âmes,
Nous ne vivons que de petits profits.

MAHIET DE LA CHESNERAYE,

Membre titulaire, Président

LE PARADIS.

AIR : *Au temps heureux de la Chevalerie.*

Depuis que Dieu m'a lancé sur la terre,
J'ai mis ma joie et mon plus grand bonheur
A recouvrir mon joyeux caractère
D'un léger grain de sagesse et d'honneur.
Ces qualités méritaient récompense,
C'est donc justice—et sans peur je le dis—
Si le hasard, dans les mots qu'il dispense,
Me fait ce soir aller au paradis.

Né comédien comme on naît idolâtre,
Toujours la scène eut mon amour... et c'est
Au paradis si charmant du théâtre
Que doit ma verve incruster maint verset.
D'un tel mandat le sujet tout aimable
Réchauffe encor mes élans enhardis,
Car chacun sait qu'au spectacle un vrai diable
Peut sans scrupule aller au paradis.

Pour pénétrer au royaume céleste,
Mille vertus, libres de tous hasards,
Sont de rigueur, mais on est plus modeste
Au siége heureux du royaume des arts.
Notre saint Pierre entasse ses victimes
Sans examen, sans procès, sans édits,
Et pour un franc ou cinquante centimes
On peut chez nous aller au paradis.

Quelques pédants, d'humeur sombre et morose,
Ont critiqué nos banquettes de bois,
Et demandé qu'un papier blanc et rose
Des murs tout nus vînt garnir les parois.
De nos élus la nature est moins fière,
Et pour goûter, quand ils sont érudits,
Regnard, Corneille, et Racine, et Molière,
Ils sont heureux d'aller au paradis.

Le grand séjour de l'Écriture sainte,
Par mille essaims d'anges bleus habité,
Ne laisse emplir sa virginale enceinte
Que d'un air pur de candeur, de bonté.
Les noirs forfaits, enfants des mélodrames,
Font sous nos yeux travailler leurs bandits,
Et c'est pour voir bien des choses infâmes
Qu'on veut souvent aller au paradis.

7

Le paradis, entre autres avantages,
Près des splendeurs des villes et des cours,
Offre, au sommet de ses nombreux étages,
Un nid discret aux timides amours.
Qui donc, au bras d'une blonde *Musette* (1),
A ce nid-là n'a pas grimpé jadis ?...
A dix-huit ans, l'amour d'une grisette
Du poulailler fait un vrai paradis.

Le paradis aisément m'ensorcèle,
Vous le voyez, et c'est non-seulement
Dans un théâtre où le lustre étincelle,
Mais en tous lieux où rit son firmament.
Si, par hasard ou par inadvertance,
Mes vers chez vous se trouvaient applaudis,
En bénissant, amis, votre indulgence,
Je me croirais encor au paradis.

Victor LAGOGUÉE,

Membre titulaire.

(1) *Musette*, personnage d'un des plus jolis romans
d'Henri Mürger.

LE CONTROLE.

Air de la *Légère*.

Le contrôle,
Le contrôle,
Pour remplir son triste rôle,
Le contrôle,
Le contrôle
Doit tout voir
Et tout savoir.

Dans un très petit bureau,
Trois messieurs, pour l'ordinaire,
Ayant la mine sévère,
Et sur la tête un chapeau,
Avec un air d'importance,
Reçoivent tous les billets,
Ceux que l'on a pris d'avance,
Ou provenant des guichets.
    Le contrôle, etc.

En échange d'un billet
Ils donnent, pour chaque place,

Un carton rempli de crasse,
Et portant certain cachet;
Vous le rendez à l'ouvreuse,
Qui vous placera fort mal,
Si votre main dédaigneuse
Ne prend ni banc ni journal.
      Le contrôle, etc.

Ils écornent promptement
Les coupons pris à l'avance,
Montrent de la bienveillance,
En faisant l'émargement;
Mais ils changent de visage
Lorsqu'un billet de faveur
Se présente, et son image
Cause leur mauvaise humeur.
      Le contrôle, etc.

De six heures à minuit
Ces trois messieurs sont en place,
Et leurs traits portent la trace
Que la fatigue produit;
Devant eux la foule abonde,
Ne fait qu'entrer et sortir,
Puis, voir ainsi tant de monde,
C'est bien fait pour abrutir.
      Le contrôle, etc.

Au grand nombre d'amateurs,
Leur clientèle abonnée,
Vers la fin de chaque année,
Ces aimables contrôleurs
Offrent gratis une carte,
Que jamais on ne leur rend,
Chacun comprend la pancarte,
Et s'exécute en entrant.
            Le contrôle, etc.

Le contrôle n'a qu'un but,
C'est celui de la recette,
Mais, trop souvent, on regrette
Qu'il n'ait pas d'autre attribut;
Il existe tant de choses,
Tant de faits à signaler,
Qu'il devrait bien, et pour causes,
Au théâtre contrôler.

            Le contrôle,
            Le contrôle,
Pour remplir son triste rôle,
            Le contrôle,
            Le contrôle
            Doit tout voir
Et tout savoir.

                    BOUCLIER,
                Membre titulaire.

LE FOYER.

Air : *Heureux habitants des montagnes, etc.*

Muse, puisqu'il faut
Aborder céans le théâtre ,
Pour trouver le mot
Ne vas point me faire défaut,
Afin de payer
Ce tribut je quitte mon âtre,
Et vais m'essayer
Sur le sol glissant d'un foyer.
Celui des acteurs
A tout profane inacessible,
Que des bruits flateurs
Peignent sous des traits enchanteurs,
Où dans son essor,
Un cœur novice, et trop sensible,
Jouet du décor,
Croit voir resplendir maint trésor !
Quels piquants attraits
Animent nos foyers lyriques,

Gosiers et Jarrets
Y tendent partout leurs filets ;
   Un trille plein d'art
Produit des accords sympathiques,
   Et plus d'un regard
S'enflamme pour un grand écart !
   Ce charmant bercail
Est parfois témoin d'une chute,
   Mais c'est un détail,
Caché derrière l'éventail !
   Une habile main
Sur la blessure à la minute
   Applique.... un écrin ,
C'est un topique souverain !
   Banquiers, grands seigneurs,
Hôtes de ces foyers splendides,
   En font les honneurs.
Et s'en disputent les faveurs ;
   D'un cœur ingénu
Le triomphe est des plus rapides,
   Un jeté battu
Peut pousser bien loin la vertu !
   Désertant le ciel ,
On y voit certaines étoiles
   Sourire au mortel,
Qui peut leur offrir un hôtel ;
   Dans un huit ressorts
Elles voguent à toutes voiles
   Aux courses , aux sports,

Pour ces Messieurs gare aux reports !...
Aux foyers brillants,
Annexes de nos grandes scènes,
Que de vrais talents
Spirituels, vifs, élégants !
Nul n'y veut primer
Rois et valets, soubrettes, reines,
Semblent s'estimer,
Je n'ose pas dire... s'aimer !
Ici, c'est Orgon
Médisant avec Célimène,
Là, c'est Harpagon
Se querellant avec Purgon :
Plus loin, c'est Scapin
Riant tout bas avec Chimène
De Georges Dandin,
Qui joue au fin avec Frontin.
Si nous pénétrons
Dans les foyers du sombre drame,
Nous y rencontrons
L'art taillé sur bien des patrons :
Un tyran jaloux
De ses vœux déroule la trame
A l'objet si doux,
Qu'il doit immoler sous ses coups.
Duègnes, amoureux,
Traîtres, musiciens, comparses,
Y font de leur mieux
Poser l'étranger curieux,

Qui, l'oreille au guet,
De leurs balivernes éparses
Rit... lorsqu'il en est
Le but, et bien souvent l'objet !
Sur le gai terrain
De nos foyers de vaudeville,
On croit voir l'entrain
Souffrir à peine un léger frein ;
Pourtant, tour-à-tour
On passe du grave au futile,
Et, plus que l'amour,
L'intérêt est le Dieu du jour.
Là maintes beautés
Y parlent d'achats et de ventes,
Et des cours côtés
Savent à fond les qualités ;
Plus que les bijoux,
Actions et contrats de rentes
Sont les billets doux
Qu'elles préfèrent entre tous !
Mais qui vient briser
L'illusion d'un pareil prisme ?
Qui vient m'accuser
D'avoir osé tout déguiser ?
C'est la Vérité
Montrant l'intrigue, l'égoïsme,
La rivalité,
Y possédant droit de cité !
Ces foyers divers

Sont donc une image du monde
  Où vertus, travers,
Souvent sont compris à l'envers,
  Où le vice heureux
Jouit d'une estime profonde,
  Quand, pauvre honteux,
Le mérite baisse les yeux !
  D'un appât trompeur
Amis, redoutez le vertige,
  Cherchez le bonheur
Où règnent et l'âme et le cœur :
  Sous un autre ciel
Du clinquant fuyez le prestige,
  Il n'est rien de tel
Qu'un coin du Foyer paternel !

A. Salin.

Membre honoraire,

LA LOGE D'ACTRICE.

Air des *Comédiens*.

Le sort le veut : rimeur encor novice,
Obéissant aux statuts du Caveau,
Je vais, ce soir, d'une loge d'actrice
En quelques vers esquisser le tableau.

J'ai dû, Messieurs, coupletier réaliste,
Pour aborder un semblable sujet,
Corrompre acteurs, régisseur, machiniste :
Dieu sait s'ils ont écorné mon budget.

Près de la loge, où la grande coquette
Vient à son tour se farder chaque soir,
Une habilleuse a choisi la cachette
D'où je vois tout sans qu'on puisse me voir.

Laissons en paix faire la mise en scène,
Laissons surtout habiller chaque acteur ;
Quand le public tempête et se demène,
A son insu devenons spectateur.

Puisqu'à prix d'or la chose m'est permise,
Risquons ici nos regards indiscrets ....
Je vois Lisa qui, changeant de chemise,
Offre à mes yeux tous ses charmes secrets.

Dieux ! que d'appas ! quelle taille divine !
Que de trésors ! ah ! j'en frémis d'amour....
Mais halte-là, musette libertine :
De mon sujet vous dérangez le tour.

Traçons d'abord l'aspect de cette loge ;
Les quatre murs sont couverts de dessins,
De vers grivois... et, dans plus d'un éloge,
Priape même y détrône les saints.

Du côté droit, une glace, une planche,
Sur celle-ci j'aperçois un camail :
Près du cold-cream est une guimpe blanche,
Sur un quinquet des gants, un éventail.

Tout près de là, des pots et des bouteilles
D'eaux, d'opiats, pour rafraîchir le teint ;
Des... suppléants.... et des boucles d'oreilles,
De faux mollets, des mules de satin.

Après avoir repassé sa brochure,
Cherché l'effet de regards provoquants,
La belle enfin procède à sa parure,
Changeant vingt fois de fleurs et de rubans.

Plaçons, dit-elle, une mouche assassine
Sur cette joue, agrandissons-nous l'œil :
Poudre de riz, carmin et bandoline,
Je vous ai dû maint gracieux accueil.

Je vais jouer dans la pièce nouvelle,
Nous allons voir messieurs les cocodès...
Parmi vous tous, sans cœur et sans cervelle,
J'espère bien faire encore florès !

Ah ! j'oubliais .... et ma correspondance !...
Les soupirants se sont donné le mot
Pour m'accabler...mais j'ai, grâce à ma chance,
Jusqu'à présent fait le plus fin capot.

Un madrigal... il est du gros Emile :
Pauvre garçon, qui m'adore toujours !
Il m'a compté plus d'un billet de mille :
C'est le Plutus de mes folles amours.

Nouveau poulet... des vers sur papier rose,
Signés Arthur. Ce vieil adolescent
Feraít bien mieux de n'écrire qu'en prose :
Qu'il porte ailleurs son pathos assommant.

Billet vert d'eau ?... je suis refaite au même !
Il est d'Eusèbe, un faiseur imcompris :
Son maigre avoir a supprimé Barême.
Assez causé ! cet autre a plus de prix.

8

« Mille baisers, ô femme délirante !
C'est hier soir pour la première fois
Que je vous vis ! Deux mille francs de rente
Vous iraient-ils ? je les offre par mois.

« J'aurai le soin d'y joindre une voiture,
Quelques bijoux, à la condition
De pouvoir seul, céleste créature,
Vous témoigner mon admiration. »

On a frappé, c'est l'illustre Onésime,
Mon cher auteur, dites, que voulez-vous ?
—Vous dire...—quoi?—que vous êtes... sublime
Et que je viens mourir à vos genoux.

—A mes genoux! ce ne serait pas drôle...
— Puis-je espérer un plus heureux destin ?
— Peut-être oui, si j'ai le plus beau rôle
Dans votre pièce en lecture demain.

— Sur le tableau vous serez la première,
Que n'ai-je pu devancer vos désirs! —
Sur ce, Messieurs, on éteint la lumière :
Je n'y vois plus, mais j'entends... des soupirs!

Restons-en là! car d'un ton peu folâtre
Le régisseur, en s'adressant à tous,
S'est écrié : Place, place au théâtre !
Attention : je frappe les trois coups.

Ainsi ce soir, rimeur encor novice,
Obéissant aux statuts du caveau,
Pour vous, Messieurs, d'une loge d'actrice
J'ai de mon mieux esquissé le tableau.

J. VERGERON,

Membre associé.

LES COULISSES.

Air *du Charlatanisme.*

Plait-il? Vous m'appelez? Pourquoi?
Pour chanter? — Ce n'est pas la peine.
Fidèle à mes coulisses, moi,
Je ne veux pas entrer en scène.
Dans les coulisses quand on est,
On ne craint pas les injustices,
On n'attend bravo ni sifflet,
Et pour rester dans mon sujet,
Je veux rentrer dans les coulisses.

Vous l'exigez, bon, mais vraiment
J'aurais besoin de maléfices,
Car sur le théâtre comment
Chanter sans sortir des coulisses.
Bah! chantons, puisque c'est mon tour :
O destins, soyez-moi propices!
Muse, je t'implore en ce jour,
Ne permets pas, qu'après un four,
Je retourne dans les coulisses.

Soldats, seigneurs, paysans, rois,
Filles d'or, de marbre et de plâtre,
Maîtres, valets, gandins, bourgeois,
Voilà le monde du théâtre ;
Acteurs, actrices, régisseurs,
Auteurs, soufleur, mères d'actrices,
Machinistes, décorateurs,
Lampistes, figurants, sapeurs,
Voilà le monde des coulisses.

Quelle est cette ingénuité ?
Sur le théâtre, tout en elle
Atteste la virginité :
Eh bien ! mes amis, cette belle,
Ce joli bouton printannier,
Qui vingt fois vendit ses prémisses,
Par un mot de carabinier
Va faire rougir le pompier,
En retournant dans les coulisses.

En scène où l'on doit tout peser,
Car chaque pièce est censurée,
On indique par un baiser
Qu'une actrice est déshonorée ;
Mais si le séducteur manqué
Devient l'objet de ses caprices,
Si lui-même d'elle est toqué,
Ce qu'en scène ils n'ont qu'indiqué
Se termine dans les coulisses.

Voyez ces Héros fabuleux,
Sur le théâtre quand ils posent,
Parlant le langage des dieux,
En vers alexandrins ils causent :
Ah ! c'cadet là quel pif qu'il a !
Ma p'tit' vieill', j'aim' les écrevisses !
As-tu fini ! — Zut ! — Oh là là !
A Chaillot les gêneurs ! — Voilà
Comme il parlent dans les coulisses.

Voulez-vous voir de faux semblants
D'honneur, de vertus, de morale ?
Prenez deux, trois, quatre ou cinq francs,
Et vous entrerez dans la salle ;
Mais voulez-vous trouver des mœurs
Naturelles, consolatrices,
De vrais amis, de gais farceurs,
Beaucoup d'esprit, d'excellents cœurs,
Tachez d'entrer dans les coulisses.

Mais sans parler théâtre, hélas!
Que de coulisses à la ronde :
Qui pourraient connaître ici-bas
Toutes les coulisses du monde?
Combien de moralisateurs
Dont les masques cachent les vices,
Se verraient traités d'imposteurs,
Si, comme nos pauvres acteurs,
Ils étaient vus dans leurs coulisses.

Les temples où l'on fait les lois,
Les préfectures de police,
L'institut, le palais des rois,
Même le palais de justice,
Et la Bourse, dont nos mœurs font
Le premier de nos édifices,
La Bourse, où tant de jobards vont,
La Bourse a sa coulisse, dont
Les coulissiers ont des coulisses.

Le mot coulisse sert beaucoup,
Maint ouvrier fait des coulisses,
Et l'ouvrière aime surtout
A faire les yeux en coulisses :
Des lorettes nous aimons voir
Les cous blancs, toucher les cous lisses ;
Mais plus d'un cou blanc serait noir,
Si de ces dames le boudoir
N'avait pas aussi ses coulisses.

De vous fatiguer j'ai bien peur,
D'ailleurs il faut que je finisse :
Ordinairement un auteur
Attend son sort dans la coulisse.
Mais, à table, quand nous chantons
Avec, et même sans malices,
Au public que nous affrontons,
Auteurs-Acteurs, nous nous montrons,
Le Caveau n'a pas de coulisses.

CLAIRVILLE. Membre titulaire.

LES ACCESSOIRES.

Air de *Pilati*.

Un théâtre, qui cherche à plaire,
Et veut s'assurer des succès,
N'y réussit que s'il sait faire
Un choix heureux de ses sujets :
Bien varier son répertoire,
Veiller sur tout en général,
Au théâtre chaque accessoire
Donne du prix au principal.

Si parfois je vais au théâtre,
J'y vais pour de jeunes houris,
Aux doux sourire, au sein d'albâtre,
Dont, malgré moi, je suis épris.
Produit par le conservatoire,
De nos artistes l'arsenal,
Sur la scène, cet accessoire
Donne du prix au principal.

Le luxe augmente, aucune borne
Ne peut arrêter ses excès ;
Combien de fats, de sots il orne
Sans pouvoir les rendre parfaits.
Chez d'aimables beautés la moire
Relève un maintien virginal :
Comme au théâtre l'accessoire
Donne du prix au principal.

Quand nous prenons une compagne,
Nous la voulons riche avaut tout ;
Pourvu qu'une dot l'accompagne,
Elle est toujours de notre goût.
Qu'elle soit brune, blonde ou noire...
Nous n'épousons qu'un capital :
Comme au théâtre l'accessoire
Donne du prix au principal.

Arthur est riche, heureux, il brille,
A son bonheur il manque un nom ;
Il peut d'une noble famille
Prendre l'écu sans le renom.
Son blason nous montre avec gloire
Dans l'azur une épée en pal :
Comme au théâtre l'accessoire
Donne du prix au principal.

Sur la vaste scène du monde
Vertus, talents, tout se produit,
Mais le vent des passions gronde,
Son souffle corrompt et séduit.
On résiste, peine illusoire,
Survient un dénouement fatal ;
Sur ce théâtre l'accessoire
Peut ruiner le principal.

O. LEVAILLANT,
Membre correspondant.

LE SUPPLÉMENT.

Air : *Comme il m'aimait.*

Le supplément
Le supplément
Au théâtre est trop en usage,
Cet impôt a peu d'agrément,
L'ouvreuse vous crache au visage,
Mossieu, prenez à l'autre étage
    Un supplément,
    Un supplément.

Un supplément,
Un supplément
Plaisait jadis à mon épouse,
Elle s'en servait fréquemment!
A Paris tout comme à Toulouse,
La femme se montre jalouse
    Du supplément,
    Du supplément.

Un supplément,
Un supplément,
En Chauvin, qui rêve après boire,
J'admire mon gouvernement,
Et chante, après chaque victoire,
Il n'a pas besoin pour sa gloire
De supplément,
De supplément.

En supplément,
En supplément,
J'arrive ici, je dois le dire,
Tout uniment, tout franchement :
Mais quand le cœur est en délire,
Avec vous je veux boire et rire
Du supplément,
Du supplément.

J. Brunel,
Membre associé.

LE LUSTRE.

AIR : *Suzon sortait de son village.*

Depuis longtemps je fais relâche,
Et laisse ma muse en repos ;
Or, vous m'imposez une tâche
Qui va me trouver peu dispos :
    Dans un théâtre,
    Temple folâtre,
Pour l'accomplir je dois faire séjour ;
    Et pour m'y rendre,
    Il faut attendre
L'heure où, pour nous, va décliner le jour.
    Dès que le soleil pour le rustre
    Se couche et fait place à la nuit,
    Au théâtre se lève et luit
    Un astre... c'est le lustre.

Des rayons ardents qu'il projette
Les feux. à nos yeux éblouis,
Font ressortir, dans leur cachette,
De nombreux trésors enfouis.

Les riches fresques,
Les arabesques
De leurs contours émaillent les fonds d'or,
Que des corbeilles
De fleurs vermeilles
Avec éclat vont rehausser encor.
Mais caryatide ou balustre
Dans l'ombre seraient confondus,
Si, sur eux, n'étaient épandus
Les feux brillants du lustre.

Par son pouvoir, dame réclame
Dupe le public nonchalant,
Sa faveur, que la raison blâme,
Dispense ou tient lieu de talent.
L'homme modeste
A l'écart reste,
Et dans son coin longtemps il restera ! !.
Car de l'intrigue
L'épaisse digue
Sur son chemin toujours se dressera,
Mai tel auteur, qu'on dit illustre,
Qui se croit lui-même un géant,
Retombe et meurt dans le néant,
Lorsque s'éteint le lustre.

Quatre couplets, mince besogne,
Voilà tout ce que j'ai produit,

Si, par hasard, on me les rogne,
A quoi me verrai-je réduit?
Mais notre époque,
Bien qu'on s'en moque,
Du lustre encor arme des chevaliers,
De leur tactique,
Que l'on critique,
Je goûte fort les exploits journaliers :
En vain, dira-t-on que je frustre
Vos bravos..... je n'ai qu'un souci,
C'est de vous transformer ici
En chevaliers du lustre.

L. Debuire-Dubuc,
Membre correspondant.

A PROPOS DE LA RAMPE.

Air *des Comédiens.*

Il est certain que souvent l'existence
De soie et d'or ne file pas mes jours,
Et j'ai trouvé, dans mainte circonstance,
L'occasion d'en maudire le cours.

J'ai spéculé sur le report des primes,
Et de la Bourse engraissé le tripot :
J'ai sottement dîné chez des intimes....
Quand ils m'offraient la fortnne du pot !

Je fus trompé par des femmes charmantes
Qu'enamouraient d'ignobles paltoquets,
J'ai savouré des tisanes calmantes
Huit jours après des rendez-vous coquets.

J'ai jusqu'au bout fumé d'affreux cigares,
Et j'ai senti rebondir sur mon nez,
Bien malgré moi fourré dans des bagarres,
Des coups de poing à d'autres destinés.

J'ai contemplé de trop près une ruche,
J'ai pour pêcher palpé des asticots,
J'eus pour voisine une infâme perruche,
Et j'ai connu l'hôtel des haricots.

Je me suis fait arracher des canines,
Je fus griffé par un vieil angora :
J'ai vu parfois des lèvres féminines
M'appeler : *muffle*.... au bal de l'opéra !

J'ai promené des bottes trop étroites,
Et des faux-cols qui me sciaient le cou,
J'ai voyagé dans ces horribles boîtes
Qu'on appelait *Pot-de-chambre* ou *Coucou*.

Avec regret sur ces moments néfastes,
De mon passé pénibles cauchemars
Des jours meilleurs assombrissant les fastes,
J'ai dû ce soir reporter mes regards ;

Mais je l'avoue, à ma grande surprise,
Moi, qui pensais connaître à fond l'ennui,
Je n'avais pas prévu dans quelle crise
J'allais, hélas ! me trouver aujourd'hui !

Vous, que j'avais crus de si bonne trempe,
Que j'appelais mes amis, — insensés !
Vous demandez que je chante la rampe,
— A mon insu vous aurais-je offensés ?

Epargnez-moi cette nouvelle tuile
Prête à tomber.... vous ne voudriez pas
Qu'à la chandelle, au gaz ou bien à l'huile
La rampe pût... raviver mes tracas !

J'ai beau la faire ou monter ou descendre,
Rien à mes yeux ne brille — et j'en conclus
Que n'étant pas créés pour nous entendre,
Ce mot donné prouve une fois de plus,

Que trop souvent ici-bas l'existence
De soie et d'or ne file pas mes jours,
Et que je trouve, en mainte circonstance,
L'occasion d'en maudire le cours.

Louis PROTAT,
Membre titulaire.

LE MANTEAU D'ARLEQUIN.

Air d'*Aristippe*.

Tous les objets, composant un théâtre,
Ont comme *mots* été donnés par vous,
Moins un pourtant, dont je suis idolâtre,
Et que je mets bien audessus de tous,
Car à mes yeux il cache bien des trous.
Que le rideau se lève ou qu'il se baisse,
Lui, sans broncher, le couvre en bon voisin..
Or cet objet, qui si fort m'intéresse,
On l'a nommé le *manteau d'Arlequin*.

Et cependant, amis, n'allez pas croire
Que le théâtre eut jamais le pouvoir
De posséder et d'avoir seul la gloire
De nous montrer ce manteau chaque soir,
Et que l'on peut ailleurs apercevoir ;
Car bien des gens à la cour, à la ville,
Ainsi que font les ailes d'un moulin,
A tous les vents tournent, et c'est facile,
Ils sont couverts d'un *manteau d'Arlequin*.

La jeune Emma, cette grande coquette
Dont les amants se comptent par milliers,
Se rend au bois, étalant sa toilette,
Dans un Briska traîné par deux coursiers,
Et qu'ont payés trois ou quatre banquiers ;
Mais le burnous, dont s'affuble la belle,
Devient si court qu'il l'enveloppe en vain...
Pour mieux cacher ses vices, la donzelle
Aurait besoin d'un *manteau d'Arlequin.*

Lorsqu'un acteur commet quelque bévue,
J'en ris tout bas et détourne les yeux :
Ou bien en l'air portant soudain ma vue,
Je me repais de l'objet gracieux,
Dont le Caveau paraît peu soucieux.
A l'opéra, j'aime les pirouettes,
Et, quand toujours mon œil américain
Cherche à les voir à travers mes lunettes,
J'oublie alors le *manteau d'Arlequin.*

MONTMAIN,
Ancien membre associé.

TABLE

～⁓ੜੜ⁓～

Paris.— Typ. A. Appert, passage du Caire, 56.